AF261797

L'ARMÉE FRANÇAISE

EN

ITALIE

SES OFFICIERS, — SES GÉNERAUX, — SES RÉGIMENTS

BIOGRAPHIES ANECDOTIQUES

PAR

JULES RICHARD

PARIS

E. DENTU, LIBRAIRE-ÉDITEUR

PALAIS-ROYAL, 13, GALERIE D'ORLÉANS

—

1859

ARMÉE D'ITALIE.

ÉTUDES

BIOGRAPHIQUES ET ANECDOTIQUES

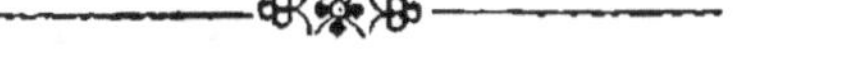

Où le père a passé, passera bien l'enfant.
A. DE MUSSET.

Sa Majesté l'Empereur Napoléon III a quitté Paris le mardi 10 mai 1859, à six heures du soir, pour aller prendre le commandement de son armée d'Italie.

S. A. I. le prince Napoléon, commandant le 5ᵉ corps, accompagnait S. M.

En débarquant à Gênes, le 12 mai, l'Empereur a adressé à ses soldats l'ordre du jour suivant :

« Soldats !

« Je viens me mettre à votre tête pour vous conduire au combat. Nous allons seconder la lutte d'un peuple revendiquant son indépendance, et le soustraire à l'oppression étrangère.

« Je n'ai pas besoin de stimuler votre ardeur : chaque étape vous rappellera une victoire. Dans la voie Sacrée de l'ancienne Rome, les inscriptions se pressaient sur le marbre pour rappeler au peuple ses hauts faits : de même aujourd'hui, en passant par Mondovi, Marengo, Lodi, Castiglione, Arcole, Rivoli, vous marcherez dans une autre voie Sacrée, au milieu de ces glorieux souvenirs.

« Conservez cette discipline sévère qui est l'honneur de l'armée. Ici, ne l'oubliez pas, il n'y a d'ennemis que ceux qui se battent contre vous. Dans la bataille, demeurez compacts et n'abandonnez pas vos rangs pour courir en avant. Défiez-vous d'un trop grand élan : c'est la seule chose que je redoute.

« Les nouvelles armes de précision ne sont dangereuses que de loin ; elles n'empêcheront pas la baïonnette d'être, comme autrefois, l'arme terrible de l'infanterie française.

« Soldats, faisons tous notre devoir et mettons en Dieu notre confiance. La patrie attend beaucoup de vous. Déjà, d'un bout de la France à l'autre, retentissent ces paroles d'un heureux augure : La nouvelle armée d'Italie sera digne de sa sœur aînée.

« NAPOLÉON. »

—

Rome n'est plus dans Rome : elle est toute où je suis !

Les yeux de la France sont tournés vers cette terre d'Italie, teinte si souvent du sang français : on attend avec impatience les noms des nouvelles victoires qui viendront se graver sur nos aigles, à côté de Montenotte, d'Arcole, de Lodi, de Rivoli et de Marengo.

Italie ! Italie !... et puis après le mot victoire.

L'histoire redira un jour les hauts faits de l'armée d'Italie. Mais ceux qui vont combattre ne sont pas des inconnus. Leur passé répond pour eux.

Nous les aimons, nos soldats, et nous confondons dans notre amour le maréchal et le fusilier : ce sont nos frères et nos enfants.

Donc :

Vive l'Armée d'Italie ! et... en avant !

—

La Maison civile et militaire suit S. M. aux armées; elle se compose :

AIDES DE CAMP.

MM. le comte ROGUET, général de division ;
De COTTE, général de division ;
Le comte de MONTEBELLO, général de division;
YVELIN DE BÉVILLE, général de brigade ;
Le prince de la MOSCOWA, général de brigade;
FLEURY, général de brigade ;
De WAUBERT DE GENLIS, colonel d'état-major;
Le comte REILLE, lieutenant-colonel d'état-major;
Le marquis de TOULONGEON, lieutenant-colonel d'état-major;
Le comte LEPIC, lieutenant-colonel d'état-major;
FAVÉ, lieutenant-colonel d'artillerie.

OFFICIERS D'ORDONNANCE.

MM. le baron de MENNEVAL, chef d'escadron d'artillerie ;
SCHMITZ, chef d'escadron d'état-major;

Brady, capitaine d'artillerie ;

Le vicomte Friant, capitaine de cavalerie ;

De Tascher de la Pagerie, capitaine d'infanterie ;

Le prince de la Tour d'Auvergne-Lauraguais, capitaine d'infanterie ;

Le prince Joachim Murat, lieutenant de cavalerie ;

Darguesse, capitaine d'infanterie ;

Eynard de Clermont-Tonnerre, capitaine d'état-major ;

Le vicomte de Champagny de Cadore, lieutenant de vaisseau.

ÉCUYERS.

MM. de Bourgoing ;

Davillier, capitaine aux guides de la garde.

SERVICE DE SANTÉ.

MM. Conneau, député au Corps législatif, premier médecin ;

Le baron Larrey, chirurgien de l'Empereur.

1.

AUMONERIE.

M. Lainé, aumônier de l'état-major de l'armée
d'Italie.

SERVICE DU CABINET.

MM. Robert, maître des requêtes, et Lemarié,
auditeur au conseil d'État.

———

Un détachement de 140 cent-gardes fera, pendant la campagne, le service d'honneur près de
Sa Majesté.

———

L'armée d'Italie se compose de cinq corps d'armée différents et du corps de la garde impériale.

C'est la plus considérable réunion de troupes
qui ait été rassemblée depuis longtemps.

Avant de la passer en revue — généraux et régiments, — nous commençons par déclarer, his-
torien fidèle, que c'est *de visu* et non *de auditu*,
que nous parlons de notre vaillante armée.

———

ÉTAT-MAJOR GÉNÉRAL DE L'ARMÉE.

—

Major général : Cette position a été occupée longtemps avec distinction auprès de l'Empereur Napoléon Ier, par le maréchal Berthier. Elle avait été confiée, à la création de l'armée d'Italie, à S. Exc. le maréchal Randon. Ce dernier ayant été chargé du portefeuille de la guerre, S. Exc. le maréchal Vaillant, grand-maître de la Maison de l'Empereur, a été appelé à le remplacer.

M. le maréchal Vaillant est né à Dijon le 6 octobre 1790 : il est sorti de l'École polytechnique en 1809. Il a fait les campagnes de Leipsick et de Russie, puis celles de 1814 et 1815. En 1830, il a eu la jambe fracassée à la prise du fort l'Empereur, ce qui ne l'empêcha point d'assister au siége d'Anvers. En 1845, il a été nommé commandant de l'École polytechnique ; il était alors général de brigade. Il a travaillé aux fortifications de Paris. Tout le monde se rappelle la part qu'il prit à la campagne de Rome (1849). Nommé ma-

réchal de France en 1852, il a dirigé, de 1854 à
1859, le ministère de la guerre. Le maréchal est,
en outre, un savant distingué ; il siége à l'Acadé-
mie des sciences.

—

Adjoint au major général : **M**. le général de
Martimprey a exercé les fonctions de chef d'état-
major général en Afrique et en Crimée. En dernier lieu il commandait la division d'Oran. C'est
un officier dans la force de l'âge et d'un mérite
accompli : homme du monde et excellent militaire, il a su partout se concilier l'affection de ses
sous-ordres. Au ministère de la guerre, où il
était directeur du personnel et des opérations
militaires en 1848, on a remarqué son aménité,
qui tranchait avec les manières tant soit peu au-
tocratiques des administrateurs du moment. Le
maréchal Pélissier lui porte une estime toute par-
ticulière et ne cache à personne que le général de
Martimprey lui a singulièrement allégé le fardeau
du commandement en chef, par la manière
brillante et consciencieuse dont il s'acquittait des
fonctions délicates de chef d'état-major général.

—

Intendant général : M. Paris de Bolardière, intendant général inspecteur, membre du comité. Parmi les membres du corps de l'intendance, cet éminent administrateur s'est fait une place remarquable : il a occupé des postes importants au ministère, à la 1re division militaire, dans la garde impériale, dont il était l'intendant en Crimée. Quand on se souvient de la guerre de Crimée et des Anglais sauvés par notre prévoyance, on est heureux de songer que les besoins de nos soldats sont assurés par des hommes comme M. Paris de Bolardière, et l'on peut dire avec confiance : « Nos braves troupiers ne manqueront de rien ! »

—

Commandant l'artillerie : M. le général de division Lebœuf est le plus jeune des généraux de son arme ; il est né en 1809. Entré, en 1830, à l'École d'application de Metz, ses beaux services en Afrique lui firent promptement atteindre le grade de colonel. Chef d'état-major de l'artillerie de l'armée d'Orient au début de la campagne, il a été nommé général de brigade après l'Alma ; il a commandé l'artillerie des attaques de gauche, puis, à la paix, il a été admis dans la garde. Général de division et membre du comité de l'artillerie, le 30 décembre 1857. Il a fait partie de la députation envoyée en Russie pour le couronnement de l'empereur Alexandre II. Ses dehors martials, sa bravoure proverbiale, ont fait l'admiration de tous en Crimée.

Son chef d'état-major est le général de brigade Mazure, ancien aide de camp du général Doguereau. Né en 1802, élève de l'École polytechnique en 1822, colonel en Crimée, où il était directeur des parcs d'artillerie, général de brigade après le siége, il vient de quitter l'École d'application de Metz pour faire campagne.

Le directeur général des parcs de l'armée est M. Borgella. Né en 1801, sorti de l'École polytechnique en 1823, en 1848 il était chef d'escadron à la première armée des Alpes; il a commandé le 4ᵉ régiment d'artillerie à pied, et, comme général de brigade, l'artillerie de la 6ᵉ division militaire à Strasbourg.

—

Le génie qui, dans S. Exc. le maréchal Vaillant

et le général Niel, commandant du 4e corps, a déjà deux éminents représentants, est placé sous la direction plus spéciale de M. le général de division Froissard et de M. le général de brigade de Coffinières.

L'armée d'Italie est destinée, par la nature même du terrain sur lequel elle opère, par le voisinage des grandes places fortes autrichiennes, et même aussi pour ses propres défenses, à donner un large champ à l'arme du génie. Les siéges et les défenses de places ont aussi leurs dangers , et la longue liste des officiers du génie tués devant Sébastopol, et en tête de laquelle figure le nom de Bizot, est là pour prouver que le Génie français allie le courage militaire à la science de l'ingénieur.

Grand-prévôt : M. Dalché-Desplanels, colonel de gendarmerie.

Aumônier supérieur : M. l'abbé G. Stalter, chanoine titulaire d'Alger, chevalier de la Légion d'honneur.

M. l'abbé Stalter a été l'aumônier d'une division de l'armée d'Orient pendant toute la campagne; il est déjà connu du soldat, qu'il a suivi sur les champs de bataille et consolé dans les hôpitaux.

Payeur général : M. Budin. — *Payeur principal* : M. Budor. — *Payeur particulier* : M. Verdure.

Le premier de ces trois fonctionnaires a fait partie du service de la trésorerie de l'armée d'Orient.

Service de santé. En Crimée, poussant l'abnégation jusqu'aux dernières limites, le corps de santé a prouvé, comme toujours, que son courage était égal à sa science.

Voici les noms des chefs du service à l'armée d'Italie.

M. le baron H. Larrey, médecin de l'Empereur, est nommé chirurgien en chef de l'armée.

M. de Champouillon, médecin en chef du 1er corps.

M. Boudin, médecin en chef du 2e corps.

M. Salleron, médecin en chef du 3e corps.

M. Fenin, médecin en chef du 4e corps.

MM. Legouest, Bertherand et Cazalas sont at-

tachés au grand quartier général. MM. Méry et
Napoléon Perrier aux ambulances de la garde.

PREMIER CORPS.

S. Exc. le maréchal comte Baraguey d'Hilliers,
commandant le premier corps, est un vétéran du
premier Empire ; il a débuté comme sous-lieutenant au 1er chasseurs pendant la campagne de
Russie. A Leipsick, il eut le poignet gauche em-
porté par un boulet de canon, ce qui ne l'empêcha pas de continuer à servir activement. En
1823, il fit la campagne d'Espagne, en 1830 celle
d'Alger, commanda ensuite l'École spéciale militaire, puis la province de Constantine (Afrique) ;
il a été ambassadeur à Constantinople ; puis, en
1854, à la tête d'une simple division d'infanterie,
après quatre jours de tranchée ouverte, il a fait
tomber les murs de Bomarsund et a gravé sur le
drapeau de la France la première victoire rem-
portée pendant la dernière guerre. C'est pour ce

fait que le **M.** le comte Baraguey d'Hilliers a reçu le bâton de maréchal.

Une anecdote peindra le caractère de cet homme d'élan et de décision, dont la chevelure grise recouvre un volcan. C'était en 1848, à la Constituante, dans une commission ; un orateur succédait à un autre qui avait été plus que long ; **M.** Baraguey d'Hilliers posa sa montre sur la table et dit : « Messieurs, pensons que tout ce qui ne se « dit pas en cinq minutes ne vaut pas la peine « d'être écouté. »

S. Exc. M. le maréchal Baraguey d'Hilliers a pour chef d'état-major **M.** le général de brigade Foltz, qui a quitté pour remplir ces fonctions le commandement de l'École impériale d'application d'état-major.

M. Requier, intendant militaire, membre du comité de gendarmerie, est chargé de diriger le service administratif du corps d'armée.

L'artillerie est commandée par **M.** le général de brigade Forgeot. Né en 1809, sorti de l'École polytechnique en 1830, colonel à l'époque de la campagne d'Orient, général le 28 novembre 1855, après la prise de Sébastopol, il commandait l'École d'Artillerie de Rennes lorsqu'il a été appelé à l'armée d'Italie. **M. Forgeot** est connu pour son savoir et son énergie : c'est un artilleur ! Et parmi les disciples de Sainte-Barbe, il n'y a pas de plus bel éloge.

—

Les trois généraux qui commandent les divisions d'infanterie du premier corps ont fait longtemps la guerre.

M. le général Forey, qui commandait la 1re division de Paris et l'a emmenée avec lui en Piémont, est né en 1804 ; il est entré à Saint-Cyr en 1822, a fait ses premières armes au 2e léger, chevalier de la Légion d'honneur après le premier siége de Constantine. A organisé le 6e bataillon de chasseurs à pied ; colonel du 26e de ligne. A la formation de l'armée d'Orient, il fut chargé du commandement de la 4e division, débarqua au Pyrée, assista à l'Alma, et ce fut lui qui, dans la matinée du 5 novembre 1855, repoussa vigoureusement les Russes qui cherchaient à pénétrer dans nos tranchées, tandis que se livrait la bataille d'Inkermann.

M. le général de Ladmirault a figuré parmi les premiers officiers admis dans les zouaves ; il a fait presque toute sa carrière en Afrique, il a organisé le premier bataillon de chasseurs à pied et commandé le régiment de zouaves ; chef vigoureux et ardent, il vient de quitter, pour faire campagne, sa division de l'armée de Paris.

M. le général Bazaine. Le 12 juin 1834, à l'affaire de la Macta , le sous-lieutenant Bazaine fut blessé en enlevant sa compagnie de la légion étrangère. Dès ce jour il marcha d'un pas rapide, restant toujours en Afrique. Il a conduit en Crimée un des deux régiments de la légion. Nommé successivement, pendant la campagne, général de brigade et général de division, il a été investi, après le 8 septembre 1855, du commandement de Sébastopol. A la tête d'une division anglo-française, il s'empara de Kinburn. C'est un des plus brillants et des plus jeunes généraux de division de notre armée.

Les généraux de brigade d'infanterie du 1er corps sont MM. Beuret, Blanchard, de Martimprèy, Ladreytt de la Charrière et Goze.

M. de Martimprey est le frère de l'aide-major général de l'armée d'Italie ; il a servi longtemps en Afrique.

MM. Beuret, Blanchard et Goze ont gagné leurs
étoiles en Crimée : M. Beuret y est arrivé comme
colonel du 39e. A la bataille de l'Alma, toute l'armée a pu l'admirer, seul, à cheval, au milieu de
son régiment couché à terre en attendant le si-
gnal du combat. M. Blanchard commandait à
Malakoff le 1er grenadiers de la garde ; il y a été
rudement blessé. Les Parisiens se souviennent
de l'avoir vu, le bras encore en écharpe, conduire l'une des brigades d'infanterie de ligne qui
entrèrent triomphalement dans la capitale, le 30
décembre 1855. M. Goze a quitté volontairement
un corps de l'intérieur pour aller prendre le commandement d'un régiment sous les murs de Sébastopol.

La cavalerie du 1er corps est commandée par
le comte Partouneaux, ancien colonel d'un magnifique régiment de lanciers. C'est un général
de cavalerie accompli. Manœuvrier habile, d'une
bravoure à toute épreuve, lorsqu'il s'élancera sur
les carrés autrichiens à la tête des intrépides chasseurs d'Afrique de sa division, les bataillons ennemis seront renversés et foulés aux pieds des
chevaux du désert. M. Genestet de Planhol commande une des brigades sous ses ordres. C'est

encore un nom populaire dans l'armée et bien connu du soldat.

DEUXIÈME CORPS.

—

M. le comte de Mac-Mahon, commandant le 2e corps, a prouvé sur la crête de Malakoff que la jeune armée impériale savait allier à la rude énergie des Cambronne la valeur élégante des Richelieu. M. de Mac-Mahon est possesseur d'une immense fortune : il a débuté dans le corps d'état-major. En 1840, il a été chargé d'organiser le 10e bataillon de chasseurs à pied. Depuis ce temps il a presque toujours tenu la campagne. Récemment il commandait en chef les forces des armées de terre et de mer en Algérie. La troupe l'aime, croit en lui et le suivra avec confiance à travers les lignes ennemies, qu'il traversera l'épée haute, l'œil souriant avec le calme du chef et la fougue du soldat.

M. le comte de Mac-Mahon est parti pour l'Italie avec ses deux aides de camp et ses deux officiers d'ordonnance : MM. Borel, chef d'escadron d'état-major, Broye, capitaine d'état-major, de Viel d'Espeuilles, capitaine au 6e hussards, et d'Harcourt, lieutenant au 17e bataillon de chasseurs à pied, qui l'ont déjà accompagné en Crimée.

Le chef d'état-major du 2e corps, le général de brigade Lebrun, remplissait en Crimée les mêmes fonctions auprès du général de Mac-Mahon. Ses traits sont fidèlement reproduits dans le tableau de Malakoff exposé il y a deux ans par Yvon. M. Lebrun y est représenté le képi à la main, recevant les ordres de son général, debout sur la crête de l'épaulement. Cet officier a suivi M. de Mac-Mahon en Afrique en qualité de premier aide de camp. Sa promotion au généralat est toute récente.

L'intendant militaire du corps est M. Wolf.

—

Le général Auger, commandant l'artillerie, est né en 1809. Sorti de l'École polytechnique en 1831, il était en 1848, bien que simple capitaine, nommé *directeur du service de l'artillerie au ministère de la guerre.* Il a servi avec distinction en Algérie : colonel à l'époque de la guerre d'Orient, il a succédé en 1855 au général Lebœuf dans le poste de chef d'état-major de l'artillerie devant Sébastopol. Général de brigade le 14 juillet 1856. C'est un homme d'étude, qui a pris une très-grande part à la publication du *Journal des opérations de l'artillerie au siége de Sébastopol.* A commandé comme général l'École de Besançon, et en dernier lieu l'artillerie de l'armée de Paris.

—

Les généraux de division qui commandent l'infanterie du corps Mac-Mahon sont deux vaillants soldats. M. Espinasse, ancien officier de zouaves, a fait les campagnes d'Afrique, de Rome et de Crimée. En 1844, il a reçu quatre coups de feu dans le même combat sur la pente de l'Aurès ;

il a été aide de camp de l'Empereur et a dirigé le ministère de l'intérieur. M. de la Motte-Rouge a laissé en Afrique, où il a été longtemps colonel du 19e léger, et en Orient, où il a successivement commandé une brigade et une division, les plus excellents souvenirs. Parmi les généraux de brigade, MM. Lefèvre, de Bonnet - Maureilhan de Polhès et de Castagny ont inscrit leurs noms dans les fastes de la guerre d'Orient. M. Lefèvre y commandait le 21e de ligne. M. de Polhès a ramené le régiment des zouaves de la garde. M. de Castagny est aussi un soldat de Crimée : il y a souvent conduit au feu le 7 de ligne.

TROISIÈME CORPS.

S. Exc. le maréchal Certain-Canrobert, est né en 1809 : il était maréchal de France à l'âge de quarante-sept ans. Nous n'avons pas besoin de parler des exploits du héros de Zaatcha ; tous les soldats l'ont vu à l'œuvre. Sorti de l'École en 1828, il s'embarqua pour l'Afrique en 1835 avec le 47° ; il reçut sa première blessure à l'assaut de Constantine, à côté du colonel Combes. Depuis cette époque, dans les chasseurs à pied, la légion étrangère et aux zouaves, il se fit toujours remarquer par son heureuse intrépidité. Il y a dans le caractère du Maréchal un côté chevaleresque qui séduit la foule. L'épisode suivant, emprunté au livre de M. de Bazancourt, en est un exemple frappant :

« L'année 1849 fut une belle page pour le colonel Canro-
« bert. Le choléra décimait la garnison d'Aumale. Le siége
« de Zaatcha qui se prépare l'appelle au combat ; il part
« avec ses zouaves, que l'épidémie dévorait ; et pendant les
« épreuves d'une longue et pénible marche, il les encourage,
« il les soutient ; il rend aux malades l'énergie qui les aban-
« donne, et communique à tous ce courage si difficile contre
« un fléau qui frappe et que l'on ne voit pas.

« Dans cette marche avec sa petite colonne affaiblie,
« épuisée, il se trouva tout à coup en face de nombreux as-
« saillants qui lui barraient le passage et enveloppaient la
« ville de Bou-Sada, dont la garnison était bloquée. Le colo-
« nel Canrobert marcha résolument à eux, malgré l'inégalité
« des forces, et leur cria :

« —Livrez-moi passage ! car je porte avec moi un ennemi
« qui vous exterminera tous, la peste !... »

« Les Arabes, épouvantés par ces paroles, et apercevant,
« en effet, de tous côtés, dans la petite colonne, les traces
« visibles du mal épidémique, s'écartèrent avec effroi et
« laissèrent le passage libre. »

—

S. Exc. le maréchal Canrobert a emmené avec lui son chef d'état-major de la 1re division de l'armée d'Orient, M. de Senneville, colonel d'état-major, élégant officier, brave, jeune, instruit et digne en tout de servir sous les ordres de l'illustre maréchal.

Le général de brigade Courtois-Roussel d'Hurbal, qui commande l'artillerie du 3e corps, est le neveu du général de l'Empire du même nom. Né en 1808, sorti de l'École polytechnique en 1822, colonel du 15e d'artillerie à cheval en 1853, général commandant l'artillerie de l'armée de Lyon depuis le 12 mars 1857 : c'est sans contredit l'un des officiers du corps qui ont les plus beaux états de services. Il a été nommé chevalier de la Légion d'honneur au siége d'Anvers, et officier, étant simple capitaine, au siége de Constantine.

M. Mallarmé, intendant militaire de la division

d'Alger, est chargé des services administratifs du corps.

Le vicomte Arnaud de Saint-Sauveur, chef d'escadron de la gendarmerie de la Seine, et qui appartient à une ancienne et noble famille, est le prévôt du maréchal Canrobert.

—

Il est difficile de rencontrer ailleurs que dans le 3e corps une réunion d'officiers généraux plus aimés du soldat et surtout plus heureux jusqu'à ce jour dans les opérations de guerre qu'ils ont dirigées.

Les généraux de division Trochu, Bourbaki et Renault, les généraux de brigade, Ducrot, Bataille, Collineau, Picard, Vergé et Jannin, sont tous jeunes et ont passé les trois quarts de leur existence sous le feu de l'ennemi.

—

M. Trochu a été l'aide de camp du maréchal Bugeaud en Afrique et du maréchal Saint-Arnaud en Crimée. Ses travaux au ministère de la

guerre l'ont posé comme une capacité administra-
tive hors ligne. Ses faits d'armes en Afrique et en
Orient ont prouvé que l'intrépidité, le sang-froid
et le coup d'œil militaire ne lui faisaient pas défaut. M. le général Trochu possède la valeur brillante qui plaît aux soldats, la science et la rectitude
de jugement qui font les bons généraux. C'est un
organisateur et un tacticien, deux qualités qui se
rencontrent rarement à côté l'une de l'autre. Il
est jeune ; bien que d'une taille moyenne, son aspect est sympathique et vigoureux. Son regard
clair et profond fouille les masses militaires, les
domine et les entraîne. Orateur chaleureux et
imagé, il est destiné aux premières places de la
hiérarchie : c'est un maréchal de l'avenir et un
futur ministre de la guerre.

———

M. Bourbaki est le type de cette bravoure toute
française qui cherche les obstacles et qu'aiguil-
lonne les difficultés. Nos zouaves l'ont vu à Zaatcha, le stick à la main, en gants blancs et en
bottes fines, monter à l'assaut le cigare à la bouche ; ils l'ont trouvé toujours le même à l'Alma,
à Inkermann, bataille qu'il a gagnée presque à lui

seul, et enfin à l'assaut de Sébastopol. M. Bourbaki est le lion du moment ; dans tous les bruits de guerre qui circulent au milieu de la foule, son nom se trouve mêlé. — On a bousculé les Autrichiens, dit un bourgeois. — C'est la division Bourbaki, répond un boursier.—M. Bourbaki est aussi un maréchal de l'avenir.

—

M. Renault, Renault de l'*arrière-garde*, comme l'appelait le maréchal Bugeaud en Afrique. Cet éloge suffit lorsqu'on a lu un petit livre de l'illustre maréchal : — *Instructions pratiques pour les troupes en campagne.* — La théorie des *Remises de main* et des *Retours offensifs* y est expliquée, et prouve quelle bravoure, quel sang-froid et quelle intelligence il faut à un commandant d'arrièregarde. Les Arabes ne sont terribles que lorsqu'on bat en retraite : Le maréchal Bugeaud était tranquille lorsqu'il savait que sa marche était assurée par M. Renault.

Le plus cruel regret de M. Renault est de n'avoir pu faire la campagne de Crimée.

M. Ducrot a été nommé officier supérieur à
vingt-huit ans; il a servi dans la légion étrangère.
Colonel du 48ᵉ, il a fait la campagne de Bomarsund; il a organisé le 3ᵉ grenadiers de la garde.
— M. Bataille a commandé un bataillon de tirailleurs indigènes et le 45ᵉ de ligne; il est resté
quinze ans en Afrique. — M. Collineau a conduit à
Malakoff le 1ᵉʳ des zouaves et a été nommé général
de brigade à la suite de la dernière expédition de
Kabylie. Son portrait est aussi dans le tableau
d'Yvon, dont nous parlions plus haut; il y est représenté un revolver d'une main, son sabre dans
l'autre; il tient le milieu du tableau. — M. Picard
commandait le bataillon du 20ᵉ de ligne qui, le 30
avril 1849, s'aventura jusque dans les faubourgs
de Rome; puis, lieutenant-colonel aux zouaves
et colonel du 91ᵉ de ligne, il a fait la guerre en
Afrique et en Crimée. — M. Jannin, après quinze
ans d'Afrique, a organisé les zouaves de la garde;
ses exploits en Crimée ont mis en relief sa force
herculéenne : dans une attaque de nuit, à la tête
de quelques zouaves, il s'arma d'un pieu arraché
à une palissade et assomma tous les Russes qui
se présentèrent. — M. Vergé s'est engagé en 1830;
il a commencé aux zouaves, a organisé un bataillon de turcos. En Crimée, il commandait

le 27ᵉ de ligne, puis une brigade d'infanterie.

—

M. Cousin-Montauban, qui commande la cavalerie du 3ᵉ corps, a conduit vingt fois les charges victorieuses des chasseurs d'Afrique.

—

QUATRIÈME CORPS.

—

Le général Niel, aide de camp de l'Empereur, placé à la tête du 4ᵉ corps, est né en 1802 ; il était sous-lieutenant élève du génie en 1823, à Metz : les missions difficiles qu'il remplit successivement à Constantine, à Rome, à Bomarsund et à Sébastopol, l'ont fait surnommer *Polyorcète* (preneur de villes), dans son arme. C'est la première fois que M. le général Niel prend le commandement d'un corps de toutes armes. Son chef d'état-major est

M. le colonel Espivent de la Ville-Boisnet, et son intendant M. Lebrun, de la division de Constantine.

—

A la tête des divisions d'infanterie du 4ᵉ corps, nous trouvons un aide de camp de l'Empereur, M. de Failly, et l'une de nos plus solides épées d'Afrique et de Crimée, M. Vinoy.

M. de Failly a conduit le 20ᵉ de ligne d'Afrique en Crimée ; son étoile a été brillante jusqu'à ce jour ; c'est, dans les plus jeunes généraux de division, un de ceux auxquels l'avenir réserve un bâton de maréchal. — M. Vinoy a organisé, en 1852, un régiment de zouaves : il a commencé la campagne de Crimée comme général de brigade, et en est revenu général de division. M. Vinoy était destiné par ses parents à l'état ecclésiastique : son goût pour l'indépendance le poussa vers l'état militaire. Il n'est pas certain qu'il fût devenu cardinal ; il est bien près aujourd'hui, les Autrichiens aidant, du maréchalat.

—

Les généraux de brigade qui commandent sous

leurs ordres sont : **MM.** de Leyritz, Niol, O'Farell et Saurin.

Les généraux Niol et Saurin sont aussi des officiers de Crimée : **M.** Niol commandait le 26e de ligne, le 5 novembre 1854, dans les tranchées, et remplaça, sur le champ de bataille, le brave Lenormand de Lourmel; **M.** Saurin y a commandé les zouaves.

M. O'Farell n'est arrivé à l'armée de Crimée que sur la fin de la campagne; c'est un officier général d'une grande fermeté.

———

CINQUIÈME CORPS.

—

Le corps commandé par S. A. I. le prince Napoléon, a pris le n° 5. Il nous serait difficile, dans cette étude, d'embrasser les traits saillants de la vie de S. A. I. Nous renvoyons nos lecteurs à une excellente biographie publiée chez Dentu, par M. H. Castille. Le prince part accompagné de ses deux aides de camp, MM. Ferri-Pisani et Cler. Son chef d'état-major est M. le général de brigade de Beaufort, ex-commandant du département de l'Yonne. Ce général, qui a servi quinze ans en Afrique, a fait, en outre, la campagne de Morée, et rempli plusieurs missions en Grèce et en Égypte. Le sous-chef d'état-major du 5e corps est M. Henry, colonel d'état-major, aide de camp de S. A. I. le prince Jérôme. Bon, beau et brave militaire, le colonel Henry a fait sa première campagne au col de Mouzaïa, où il eut un doigt brisé : il a suivi le maréchal Saint-Arnaud en Crimée et rempli les fonctions de sous-chef d'état-major auprès du maréchal Bosquet.

———

M. de Fiéreck, qui commande l'artillerie, est né en 1805. Sorti de l'École polytechnique en 1827, il est arrivé au grade de général de brigade à la fin de 1858. Il a longtemps servi en Algérie ; a rempli des missions en Morée, en Turquie et en Égypte. C'est un officier magnifique, dont le caractère énergique et franc est admiré de tous.

———

Les divisions d'infanterie sont commandées par MM. d'Autemare-d'Ervillé et Uhric.

M. d'Autemare-d'Ervillé est un ancien officier de zouaves : pour la bravoure, cela suffit. A l'Alma il commandait la 1ʳᵉ brigade de la division Bosquet, dont le maréchal Saint-Arnaud a dit dans son rapport :

« J'ai déjà fait connaître l'importance du rôle qu'a joué « la division Bosquet dans son mouvement tournant, pen- « dant lequel sa première brigade, établie sur les hauteurs, « est restée longtemps exposée au feu de cinq batteries en- « nemies. »

Ceci prouve que ce chef sait faire passer sa fermeté dans l'âme de ses soldats. — M. Uhric emmène avec lui sa division de l'armée de Paris. Chef énergique, il a sa troupe dans sa main et la conduira en campagne avec autant de sécurité qu'au Champ-de-Mars.

—

Un général de brigade du 5e corps, M. de Grandchamp, dont les Parisiens connaissent bien la figure sillonnée de coups de sabre, a passé en Afrique par de terribles épreuves. Il était alors capitaine de voltigeurs au 24e de ligne, et fut laissé pour mort dans un combat. Ayant encore sa connaissance, mais hors d'état de remuer ou de parler, M. de Grandchamp subit l'affreux supplice de servir de billot à plus de quarante de ses camarades décapités sur son corps. Il était tellement défiguré que les Arabes dédaignèrent de lui couper la tête. Sauvé miraculeusement, il put se guérir, et depuis il a toujours servi de la manière la plus active. (*Les Zouaves et les Chasseurs à pied. —* Michel Lévy, 1855.)

Le général Corréard a servi aussi en Afrique avec gloire, et après avoir été un brillant colonel, il est aujourd'hui un excellent général.

LES RÉGIMENTS.

Voici l'avant-garde : les *troupes légères ;* les *chasseurs à pied.*

CHASSEURS A PIED.

Le berceau des chasseurs à pied fut Vincennes, de là leur est venu le nom populaire de chasseurs de Vincennes. C'est au polygone de cette place que s'exerça le bataillon de tirailleurs, créé provisoirement le 14 novembre 1838, et définitivement organisé par ordonnance du 28 août 1839.

Ce bataillon, placé sous les ordres du baron Grobon, aujourd'hui général de division, était si solide, qu'en le voyant défiler, le maréchal Soult s'écria :

« Ce n'est pas un seul bataillon, mais trente

« comme celui-ci que je voudrais voir dans l'ar-
« mée française. »

La campagne de 1840 démontra que l'illustre
maréchal ne s'était pas trompé, et, en octobre
1840, il fut décidé que les chasseurs à pied seraient
portés à 10 bataillons, qui furent organisés au
camp de Saint-Omer, par les soins de leurs com-
mandants respectifs; savoir :

1er (1) M. de Ladmirault.
2e. M. Faivre.
3e. M. Camou.
4e. M. de Bousingen.
5e. M. Mellinet.
6e. M. Forey.
7e. M. Répond.
8e. M. Clère.
9e. M. Uhric.
10e. M. de Mac-Mahon.

Sept de ces officiers figurent encore sur le cadre
de l'état-major général de l'armée. S. Exc. le maréchal Canrobert était adjudant-major du 6e bataillon de chasseurs à pied, et peu de temps après
il fut appelé au commandement du 5e. M. Lenor-

(1) Ancien bataillon de tirailleurs.

mand de Lourmel comptait comme capitaine dans les rangs du 10e.

Immédiatement après l'organisation, quatre des nouveaux bataillons furent envoyés en Algérie. Le 6e bataillon, dans les combats de l'Oued-Sada (1842); le 9e, dans l'expédition contre les Flittas (1845), où il perdit son commandant M. Clère : le 8e, à Djemaa-Ghazouat, en succombant tout entier autour du commandant Froment-Coste, prouvèrent que les chasseurs étaient à la hauteur des plus vieilles troupes de l'armée permanente d'Afrique. A la bataille d'Isly, à Rome le 30 avril, à Zaatcha et dans maintes autres circonstances, les chasseurs à pied rendirent de tels services que, dès le 22 novembre 1853, on décida la création de vingt bataillons de dix compagnies chaque, en remplacement des dix anciens qui ne comptaient que huit compagnies.

Les 1er, 3e, 4e, 5e, 9e, 10e, 14e, 17e et 19e se sont distingués en Crimée.

Bataille de l'Alma : 1er, 3e, 5e et 9e.

Inkermann et combat dans les tranchées : 3e, 5e et 9e.

Nuit du 20 octobre 1854 : 5e.

Nuit du 22 au 23 mars 1855 : 4e.

Nuits des 11 au 13 avril : 9e et 10e.

1er mai : 9e.

23 mai : 6e, 9e et 10e.

Mamelon Vert : 3e, 4e, 17e et 19e.

Expédition de Kertch : 5e.

18 juin : 5e.

Bataille de Traktir : 14e et 19e.

Prise de Sébastopol : 1er, 4e, 6e, 9e, 10e, 14e, 17e et 19e.

Prise de Kinburn : 14e.

Il faut ajouter à ces différentes actions une foule d'affaires d'une importance moindre et dont les noms ne sont pas présents à notre mémoire. La part des chasseurs à pied dans les travaux du siége de Sébastopol, aux *éclaireurs volontaires* et aux *enfants perdus*, est tellement glorieuse, qu'il est impossible en quelques lignes de la définir dans son entier.

Enfin, le 12e bataillon, avec la division qui, sous les ordres S. Exc. le maréchal Baraguey d'Hilliers, s'empara de Bomarsund, porta jusque dans la mer Baltique la réputation de l'arme des chasseurs à pied. La paix faite, nous les avons vus représentés par plusieurs de leurs bataillons dans les différentes expéditions de Kabylie.

—

La portée de la carabine à tige, en usage depuis 1846 dans ces corps, est telle, qu'à 1,300 mètres les balles oblongues traversent deux planches de bois de 0^m022 d'épaisseur et entament la troisième. On comprend quel parti un bon tireur peut attendre d'une arme semblable. Suivant l'expression de S. M. l'Empereur Napoléon III, nos chasseurs à pied, tels que les ont faits les perfectionnements apportés dans leurs manœuvres, leur armement et leur équipement, constituent une véritable *artillerie de main*. En effet, quelques soldats, placés dans un pli de terrain, peuvent neutraliser, à une distance considérable, l'effet d'une batterie de campagne ou de position, en démontant successivement tous les servants. Les officiers qui ont fait en 1840 la campagne du col de Mouzaïa, se rappellent la superstitieuse terreur des Arabes, lorsque quelques-uns d'entre eux, placés à 1,200 mètres de nos lignes, furent atteints par les balles de M. Pistouley, aujourd'hui chef de bataillon au 10ᵉ de ligne et alors adju-

dant au 1er bataillon formé sous le nom de *tirailleurs*.

L'allure rapide et précipitée du pas des chasseurs, leur costume sombre, la fanfare stridente
et d'un timbre singulier qui règle leur course,
tout semble concourir à leur donner un aspect
fantastique, qui, sur le champ de bataille, doit
avoir son influence. Les Kabyles, qui sont de bons
soldats, les appellent des *Lascars negros* et les re-
doutent entre tous. A Rome, les artilleurs suisses,
les légions des volontaires et de l'Université, les
meilleurs soldats de l'armée assiégée, évitaient
avec soin les endroits gardés par eux. Enfin, les
généraux russes n'ont pas marchandé l'admiration qu'ils leur inspiraient.

C'est, du reste, une troupe très-conforme au génie militaire de notre nation. On a remarqué que
les engagements volontaires y abondaient. Les
places d'officiers y sont très-ambitionnées par les
élèves de Saint-Cyr, et cela se comprend : l'avenir y est tracé par les devanciers. Aux hommes
illustres qui sortent des chasseurs et que nous
avons nommés plus haut, nous pouvons ajouter
les généraux de Failly, d'Exea, Sencier, Decaen,
de l'Abadie d'Aydren, Douay et de Castagny ; les
colonels Levassor-Sorval, Paulze d'Ivoy, Lenor-

mand de Bretteville, Nicolas-Nicolas, de Bras-
de-fer, Soubiran Campaigno, Auzouy, Duplessis,
Guiomar, etc., etc., et tant d'autres dont les cen-
dres glorieuses, comme celles de de Marolles et
de Saint-Pol, reposent sous les champs de bataille
d'Afrique et de Crimée.

———

Dans nos faubourgs, on est convaincu que les
chasseurs sont invincibles. Le Parisien, qui se retrouve loustic et gouailleur partout où l'on se
bat, dit, quand il entend le clairon à l'allure des
chasseurs : « Voilà les *vitriers*, nous sommes
bons ! » — Un général nous a assuré que l'éty-
mologie de ce sobriquet venait de la posture que
prend le chasseur au repos en appuyant son sac
sur sa carabine, exactement comme les vitriers
accotent leur porte-verre sur la règle. Les Pié-
montais, qui ont combattu côte à côte avec nos
chasseurs à Traktir, peuvent dire aussi : « Voilà
les vitriers, nous sommes bons ! » Et lorsque le
commandement : En avant et à la baïonnette !
retentira, et que la fanfare jouera les vieux airs
d'Afrique : *la Casquette, le 5e Ventre à terre* et *la
Turlutine,* aux cris de vive la France, vive l'Ita-

lie et vive l'Empereur ! les bataillons de l'armée d'Italie se souviendront du 3e à Inkermann, et, comme le 5 novembre 1854, ils éventreront les masses qu'on leur opposera avec leurs sabres-baïonnettes.

LA LÉGION ÉTRANGÈRE.

« De nos jours, dit M. Fieffé, dans sa remarquable *His-« toire des troupes étrangères*, la France n'admet que ses « enfants sous ses drapeaux ; elle ne fait d'exception que « pour la légion étrangère : mais elle aussi a ses fastes de « gloire, elle aussi compte d'utiles travaux qui concourent « à l'œuvre de la colonisation algérienne ; elle a d'ailleurs « ouvert ses rangs à des officiers français, tels que Combes, « Bernelle, Bedeau, Neumayer, Renault, Leroy de Saint-« Arnauld, Mac-Mahon, Lafon de Villers, de Noue, Carbuc-« cia, Cœur, Senilhes, Espinasse, Mellinet et Canrobert, tous « devenus maréchaux de France ou généraux, à l'exception

« du premier, qui a trouvé une mort glorieuse à l'assaut de
« Constantine. »

A sa formation, la légion étrangère n'avait qu'un
régiment, mais un regiment à cinq bataillons, où
l'on classait les hommes suivant leur provenance :
les Allemands étaient placés dans les 1er et 3e bataillons ; les Polonais dans le 2e ; le 4e bataillon
était exclusivement composé d'Espagnols et le 5^e
d'Italiens. L'ancienne légion étrangère s'illustra
dans plusieurs combats en Afrique, puis passa au
service d'Espagne. La nouvelle se distingua au
siége de Constantine, et fut divisée en deux régiments en 1841.

Beaucoup de généraux étrangers en activité de
service ont figuré dans ses cadres.

Elle a fourni une magnifique brigade à l'armée
d'Orient. Elle s'est distinguée à l'Alma, où elle
était représentée par son bataillon d'élite. Elle a
arrosé de son sang les tranchées de Sébastopol :
aussi elle a mérité des lettres de naturalisation
dans notre armée.

—

Aujourd'hui, telle qu'elle est constituée, elle

compte peu d'officiers au titre d'étranger. Les soldats qui la composent sont presque tous des hommes remuants qui ont quitté leur pays poussés par l'esprit d'aventure. Hardis et déterminés, ils sont toujours prêts à marcher en avant. Ses deux régiments forment la 2e brigade de la division Espinasse, du 2e corps. Ce ne sera pas la moins brillante au feu, car elle se souviendra, en marchant à l'ennemi, de ces belles paroles du maréchal Pélissier : « Qu'il n'est pas de plus beau « titre au monde que celui de soldat français, et « que ce noble drapeau qui flotte au milieu de ses « baïonnettes est désormais sa patrie. »

Aux noms cités plus haut, il faut ajouter ceux de MM. les généraux Bazaine et Mayran, et du colonel Lacretelle.

LES TURCOS.

—

La création des turcos ou tirailleurs indigènes
remonte à 1842. Un bataillon fut organisé dans
chaque province ; on mit à leur tête des officiers
éprouvés : le commandant Thomas (aujourd'hui
général), le commandant Bosquet (aujourd'hui
maréchal de France), furent chargés de veiller à
la formation de deux de ces bataillons.

« Le commandant Bosquet, dit M. de Bazancourt dans le
« premier volume de l'*Expédition de Crimée*, avait conscien-
« cieusement et scrupuleusement étudié le sol de l'Afrique,
« et la langue arabe qu'il parlait avec une grande facilité.
« Actif, entreprenant, connaissant parfaitement le pays,
« habitué à cette guerre étrange de buissons et de rochers,
« de surprises soudaines, d'attaques imprévues, nul ne pou-
« vait mieux que lui commander ces tirailleurs indigènes,
« natures étranges, fiévreuses, qui ont un irrésistible élan
« quand on sait le leur inspirer et parler à leur imagination

« sauvage en les dominant par la puissance du commande-
« ment. »

L'opinion émise par M. de Bazancourt est cor-
roborée par l'anecdote suivante, que nous em-
pruntons à la biographie du maréchal Bosquet,
par M. H. Castille :

« Après Malakoff, un officier blessé à la jambe débarquait
« péniblement sur le quai de Toulon, lorsqu'un tirailleur
« algérien, paraissant lui-même être en convalescence, l'a-
« borde, et, dans son langage mi-français et mi-arabe, lui
« dit :
« — Comment va le général ?
« — Quel général ? il y en a tant de blessés, répond l'of-
« ficier.
« — Mais la *grosse tête !* Bosquet ! s'écria le soldat.
« Pour les turcos, *le général* tout court, c'était le général
« Bosquet.
« En apprenant que son chef était guéri, l'Arabe ajouta
« que ni l'argent, ni de belles armes, ni un festin ne pour-
« raient lui faire autant de plaisir que cette bonne nouvelle,
« et il se mit à danser de joie. »

M. Bourbaki a, lui aussi, commandé un bataillon
de tirailleurs indigènes, et son passage dans ce

corps a été signalé par une chanson due sans doute
à la muse complaisante d'un aimable fourrier.
Nous en reproduisons le couplet suivant :

> Gentil turco,
> Quand autour de ta boule,
> Comme un serpent s'enroule
> Ce calicot
> Qui te sert de schako.
> Ce chic exquis,
> A qui
> L' doivent-ils, à qui?
> A Bourbaki,
> A Charles Bourbaki !

M. Bourbaki a laissé d'autres souvenirs plus
glorieux dans les indigènes, où sa furia, son *hu-
mour*, son élégance sous les balles ennemies,
avaient le privilége de mettre en feu les têtes de
tous les hommes de son bataillon.

Au commencement de la guerre de Crimée, le
maréchal Leroy de Saint-Arnaud qui, dans ses
nombreuses expéditions d'Afrique, avait jugé tout
le parti qu'on pouvait tirer des turcos, décida
qu'un régiment de marche serait envoyé en
Orient. Il fut attaché à la division Bosquet.
M. Wimpfen, colonel du 13e de ligne, qui avait
commandé un de leurs bataillons, fut envoyé en

Afrique pour recruter ce régiment dans les trois provinces. En apprenant qu'il s'agissait d'aller à Stamboul, la ville sainte, de voler au secours de l'islamisme menacé, les soldats arabes répondirent à l'appel qui leur était fait. Un magnifique corps de deux mille quatre cents hommes débarqua à Gallipoli : sa tenue élégante, composée d'une veste, d'un gilet et d'un pantalon arabes en drap bleu de ciel, d'une ceinture cramoisie, d'un turban blanc, d'une calotte chachia cramoisie, de guêtres jambières en peau de veau jaune, fit l'admiration de toute l'armée. Le corps d'officiers était superbe, jeune, vigoureux et plein d'élan.

—

A l'Alma, ils escaladèrent les crêtes à la gauche de l'armée russe, grimpant comme des chats le long des rochers. Le premier officier tué dans cette journée fut un officier de leur régiment.

« Montrez-vous enfants du feu ! leur dit en arabe le géné-
« ral Bosquet à Inkermann (1). » — Un cri puissant qui do-
« mine le bruit du combat lui répond. Tous se précipitent à
« l'envi, profitant des irrégularités du sol, tantôt s'abritant
« derrière les hautes broussailles pour recharger leurs ar-

(1) De Bazancourt, *Expédition de Crimée.*

« mes, tantôt s'élançant sur ce terrain onduleux et brisé. —
« On dirait, à voir ces Africains, un troupeau de bêtes fauves
« déchaînées tout à coup ; les balles des Russes ne savent où
« les frapper ; ils disparaissent, apparaissent, se couchent
« ou se lèvent, mais combattent toujours.

« Ce sont des panthères qui bondissent dans les buissons ! »
« s'écria le général Bosquet en les suivant d'un regard plein
« d'admiration. »

Là ne s'arrêtèrent point les exploits de *ces fils
du feu ;* leur impatience dans ces longues nuits et
ces terribles journées du siége n'eut d'égale que
leur fureur dans le combat.

« — Pourquoi toujours boum ! boum ! » disait
un des leurs en imitant le bruit du canon, « baïonnettes au bout du fusil, en avant ! et prendre Sébastopol ! »

—

Ces braves Arabes revinrent en Afrique après
la prise et furent organisés en trois régiments.
Leur colonel, M. Rose, qui avait succédé à
M. Wimpfen, a été, lui aussi, nommé général.
Aujourd'hui, l'Empereur a voulu les associer aux
victoires de l'armée d'Italie : un régiment de
marche, sous les ordres du colonel Laure, fait
partie de la 1re brigade de la 1re division du 1er
corps.

Parmi les officiers généraux et supérieurs sortis des turcos, nous citerons encore les généraux Vergé et Bataille; les colonels d'Argent, Lévy, Martineau-Deschenetz et Liébert.

Les dames de Gênes ont applaudi aux fanfares de la musique des turcos; elles ont lancé leurs plus belles fleurs à ces intrépides Arabes; les Autrichiens sentiront leurs coups à l'heure où parlera la poudre, et les enfants du désert remporteront dans les plis de leur drapeau les glorieuses marques de leurs luttes et de leurs victoires.

LES ZOUAVES.

Le zouave est un soldat épique: dans cinquante ans, la *chachia* garance du zouave sera légendaire comme le bonnet à poil du grenadier de la vieille garde. Populaire entre tous, on attribue à ce fantassin d'Afrique tous les succès et toutes les victoires. C'est un zouave qui a soumis l'Algérie ; c'est aussi un zouave qui a pris Sébastopol. Cette admiration naïve est simplement un hommage rendu au symbole de la hardiesse et du courage militaires. La ligne et les autres corps n'ont donc point à jalouser cette prédilection ; ils doivent, au contraire, la considérer comme la consécration des liens éternels qui attachent l'armée au peuple et n'en font qu'une seule famille.

Le corps des zouaves a toujours été admirablement commandé et encadré. Des chefs jeunes, capables, animés du désir de bien faire et d'arriver, donneront toujours la supériorité à une troupe, fût-elle médiocre. A plus forte raison communiqueront-ils le feu sacré à des soldats exercés, solides, et chez lesquels l'esprit de corps est poussé à ses extrêmes limites. Ainsi, aux zouaves, un simple soldat est convaincu et avoue avec une modeste franchise qu'il n'envie pas le sort d'un capitaine d'infanterie, sa position étant au moins équivalente. La force de ces régiments provient de leurs admirables cadres d'officiers, et les noms suivants, relevés sur les contrôles du corps jusqu'à la réorganisation de 1852, en est la meilleure preuve. Presque tous ces officiers sont arrivés au grade de général : Levaillant, Vergé, Mollière, de Lamoricière, Duvivier, de Ladmirault, Maissiat, de Baral, Drolenvaux, Blangini, d'Autemare d'Ervillé, Répond, Bosc, Bisson, Gardarens de Boisse, Bourbaki, Espinasse, Regnault, Renault, Cavaignac, Le Flô, Leroy de Saint-Arnauld, de Chasseloup-Laubat, Bouat, Certain-Canrobert, de Grandchamp, d'Aurelle de Paladines, Pecqueult de Lavarande, etc.

Le soin que prirent les illustres chefs qui, depuis 1830, ont successivement commandé les zouaves, d'attirer à eux les officiers les plus actifs de l'armée d'occupation, explique la longueur de la liste précédente, qui elle-même n'est pas complète.

—

C'est au général Clausel qu'appartient l'idée première de la création des zouaves. C'était après les événements de juillet. L'effectif des troupes de l'armée d'Afrique avait été diminué; on sentit le besoin de rallier la portion turbulente de la population algérienne et d'utiliser son activité dans les rangs français. Parmi les Turcs enrôlés par la Régence dépossédée, certains hommes d'une valeur reconnue offrirent leurs services à la conquête. On résolut donc la création des zouaves, dans lesquels furent encadrés, au milieu de soldats et d'officiers français, éprouvés au feu des Arabes et des Turcs, des Kabyles et des Coulouglis, que leurs qualités militaires et leurs intérêts appelaient à nous. On donna au nouveau corps le nom des Zouaoua, tribu du Jurjura dont la bravoure était proverbiale dans la Régence.

Les *volontaires de la Charte* arrivèrent quelques mois après et furent incorporés dans les zouaves. Longtemps les deux éléments furent confondus, et les vieux Africains se souviennent encore du peloton de sapeurs de l'ancien régiment, entièrement composé de nègres, dont les turbans blancs faisaient encore ressortir les figures noires. L'ordonnance royale du 21 mars 1831, qui donna aux zouaves une existence légale, les divisa en deux bataillons, commandés par MM. Maumet, chef d'escadron d'état-major, et Duvivier. C'est à Médéah et au col de Mouzaïa qu'ils reçurent le baptême du feu. Cependant l'organisation était loin d'être parfaite, et, le 7 mars 1833, les deux bataillons furent fondus en un seul de dix compagnies, huit françaises et deux indigènes, sous le commandement de M. de Lamoricière. Le nouveau chef de bataillon donna une impulsion puissante à tous les services et introduisit dans le corps toutes les bonnes traditions qui s'y sont perpétuées. C'est de cette époque seulement que date la régularisation du costume des zouaves, si original et si approprié aux fatigues de la guerre spéciale d'Afrique (1). Remarquons en passant ce détail qui n'est point indifférent : que le turban vert est de la même couleur que l'étendard du Prophète. Aux yeux des Arabes, le vert est le signe de la bravoure, de la puissance et de la victoire.

Nous ne suivrons pas les zouaves dans tous les combats qu'ils livrèrent : leur sang généreux a fécondé la colonie. Armés d'un fusil et d'une pioche, ils tracèrent les routes militaires, fondèrent les premiers établissements coloniaux, et attachèrent à leur nom cette réputation qui, pendant la guerre de Crimée, est devenue européenne.

A la deuxième expédition de Constantine, les zouaves prirent une large part aux travaux du siége et à l'assaut définitif. La veille du grand jour, un de leurs officiers, le capitaine Gardarens de Boisse, sollicite et obtient l'honneur de reconnaître la brèche. « Quelle récompense voulez-vous ? »

(1) Au moment où nous écrivons ces lignes, une décision ministérielle donne à toute l'infanterie de ligne le pantalon court et la jambière des zouaves.

lui dit le général de tranchée. — « L'honneur
« de porter le drapeau de la France en tête de la
« première colonne d'assaut ! » Et le lendemain,
le brave capitaine, traversé par les balles arabes,
roulait dans les fossés, après avoir planté son fa-
nion sur les murs de Constantine. Le même jour,
le colonel Combes, du 47e de ligne, s'adressant
aux zouaves qui faisaient partie de sa colonne, les
enleva par ces mots: « Braves zouaves, il faut pren-
« dre Constantine ou mourir sous ses murs! »
Constantine fut prise, mais les zouaves avaient
teint de leur sang les chemins qui y conduisaient.
Leur colonel et plusieurs officiers et soldats furent lancés au loin par une mine qui éclata sous
leurs pas : ceux qui survécurent étaient horrible-
ment brûlés et mutilés.

—

En 1840, au col de Mouzaïa, leur conduite décida le gouvernement à les porter à trois bataill-
lons (ordonnance du 8 septembre 1841). Les zouaves devinrent dès lors un corps français, attaché,
il est vrai, à l'armée permanente de la colonie,
mais du recrutement duquel les indigènes furent
exclus. De 1842 à 1849, des expéditions annuel-
les lui fournirent maintes occasions de se distin-

guer sous les ordres des colonels Cavaignac et de Ladmirault. Nous avous raconté plus haut, la marche des zouaves, sous les ordres du colonel Canrobert, pour se rendre à Zaatcha. Arrivés le 8 novembre 1849 devant cette ville, les zouaves se montrèrent dignes de leurs devanciers de Constantine. Zaatcha était entourée d'un réseau inextricable de jardins. Le colonel Canrobert et ses soldats arrivent les premiers dans le cœur de la place, fusillant et renversant tout ce qui s'oppose à leur passage. « Ce ne sont plus des soldats, » disait un spectateur de cette lutte gigantesque, « ce sont des boulets ; une fois lancés, il faut « qu'ils arrivent ou qu'ils tombent. »

M. d'Aurelle de Paladines, puis M. Bourbaki, succédèrent au colonel Certain-Canrobert.

—

Par décret du 13 février 1852, les zouaves ont été organisés en trois régiments répartis entre les trois provinces de la manière suivante : 1er régiment, Alger ; 2e régiment, Oran ; 3e régiment, Constantine.

Vers la fin de cette même année, les 1er et 2e régiments furent envoyés devant Laghouat insurgée, et leurs aigles eurent l'honneur d'être les premières de toute l'armée à recevoir le glorieux baptême du feu.

Le 2e régiment comptait parmi les officiers les quatre frères Morand, fils du célèbre général de ce nom ; l'aîné, chef de bataillon, fut tué en s'élançant dans la place ; le troisième, aujourd'hui chef de bataillon et qui a été officier d'ordonnance de S. M. l'Empereur, fut dangereusement blessé ; les deux autres se signalèrent par leur bravoure. Le premier Français arrivé sur la brèche porte aussi un nom illustre dans l'armée ; il appartenait également au 2e de zouaves. C'est M. Kléber, aujourd'hui capitaine dans un bataillon de chasseurs à pied.

—

Les trois régiments s'embarquèrent en mars 1854 pour l'armée d'Orient.

Il faudrait raconter le siége de Sébastopol en entier, pour donner une idée complète des services qu'ils rendirent pendant la campagne.

A l'Alma, les trois régiments donnèrent et méritèrent, à la fin de la journée, ces paroles du maréchal Saint-Arnaud : « Merci, zouaves ! »

A Inkermann, un bataillon du 3e, sous les ordres des généraux Bourbaki et Bosquet, opéra, avec le

7e léger et le 3e chasseurs à pied, ces trois terribles charges qui sauvèrent l'armée anglaise.

Dans la nuit du 23 au 24 février 1855, le 2e zouaves, sous les ordres du colonel Cler, attaque et enlève une redoute russe.

Le 15 mars, le 3e enlève cinq embuscades.

Dans la nuit du 22 au 23 mars, le 1er, sous les ordres du colonel Jannin, repousse une sortie des Russes.

Le 7 juin, au Mamelon Vert, les 2e et 3e combattirent glorieusement. Nous les revoyons encore à la bataille de Traktir.

Le 1er de zouaves entre, le 8 septembre, dans Malakoff, sur les pas du colonel Collineau, et le 3e se montra aux attaques de gauche.

—

Les mœurs et les habitudes de nos zouaves ont toujours été l'objet de la curiosité du public. Alexandre Dumas a écrit sur leur compte, bon nombre d'anecdotes dans ses *Impressions de voyage* en Afrique. Plusieurs autres romanciers en ont fait les héros de leurs livres. Où ils ont été bien étudiés et bien dépeints, c'est dans une étude publiée dans la *Revue des Deux-Mondes*, éditée depuis en volume : nous en extrayons le passage

suivant, qui retrace parfaitement leur bravoure,
leur insouciance et leur gaieté :

« Une nuit, une seule nuit, leur vigilance fut en défaut, et
« les réguliers de l'Émir, se glissant au milieu de leurs pos-
« tes, vinrent faire sur le camp une décharge meurtrière.
« Le feu fut un moment si vif, que nos soldats, surpris, hési-
« tèrent à se relever ; il fallut que les officiers leur don-
« nassent l'exemple. Le maréchal Bugeaud était arrivé des
« premiers ; deux hommes qu'il avait saisis de sa vigoureuse
« main tombent frappés à mort. Bientôt cependant l'ordre
« se rétablit, les zouaves s'élancent et repoussent l'ennemi.
« Le combat achevé, le maréchal s'aperçut, à la lueur des
« feux de bivouac, que tout le monde souriait en le regar-
« dant ; il porte la main à sa tête, et reconnaît qu'il est coiffé
« comme le roi d'Yvetot de Béranger. Il demande aussitôt sa
« casquette, et mille voix de répéter : La casquette du ma-
« réchal ! Or, cette casquette, un peu originale, excitait
« depuis longtemps l'attention des soldats. Le lendemain,
« quand les clairons sonnèrent la marche, le bataillon de
« zouaves les accompagna, chantant en chœur :

> As-tu vu
> La casquette,
> La casquette ?
> As-tu vu
> La casquette
> Du père Bugeaud ?

« Depuis ce temps, la fanfare de la marche ne s'appelle
« plus que la *Casquette*. »

Les trois régiments sont à l'armée d'Italie. Il est probable que les généraux autrichiens, à la fin de la campagne, professeront à leur égard la même estime que le prince Menschikoff, qui disait d'eux : « Ce sont les premiers soldats du « monde. »

———

Les nouveaux zouaves ont fourni à l'armée les généraux Collineau, Cler, Jannin, Vinoy, de Bonnet-Maureilhan-Polhès et Saurin, les colonels Montaudon, Dubos, etc., etc.

———

L'INFANTERIE DE LIGNE.

———

On a dit que l'infanterie était la reine des batailles : c'est surtout à l'infanterie française que doit s'appliquer cet axiome. Qu'on ne nous accuse pas de forfanterie : nous avons puisé cette confiance absolue dans un examen attentif et consciencieux des éléments qui constituent une des principales forces militaires de notre pays. Lorsque la guerre d'Orient éclata, notre armée n'avait eu pour école que les campagnes d'Afrique, école excellente, sans doute, pour rompre le soldat aux fatigues et aux privations de la guerre, mais qui était insuffisante pour développer chez les généraux les qualités à la fois si multiples et si essentielles que doit posséder celui qui est appelé à commander aux masses dans une guerre européenne. Cette lacune dans l'éducation pratique de notre armée, la guerre de Crimée l'a entièrement comblée. Dans ces terribles journées de carnage, d'où ils sortirent constamment victorieux, nos soldats ont déployé autant de bravoure héroïque qu'ils avaient montré de force et de patience sur la terre d'Afrique. Nos généraux, nos officiers supérieurs, ont acquis cette rectitude de coup d'œil qui enchaîne la victoire sur les champs de bataille. Les résultats matériels et palpables de la guerre d'Orient ne suffisent-ils pas à justifier l'opinion que nous avons émise. Ce ne sont pas seulement les mêmes régiments qui viennent d'entrer de nouveau en campagne : ce sont les mêmes soldats. Pour eux : fatigues, privations, dangers seront jeux d'enfants. On n'a pas besoin de leur dire : Montrez-vous dignes de vos pères ; ils savent déjà, par expérience, qu'ils ne sont pas des fils dégénérés.

—

Pendant les années de paix profonde qui viennent de s'écouler, l'armée n'est restée ni inactive, ni stationnaire. Les camps d'instruction ont donné à nos soldats des habitudes manœuvrières qui leur permettent d'apporter, dans l'exécution des mouvements, cette précision automatique dont nos ennemis se montrent si fiers. L'armement de l'infanterie a été entièrement transformé, et le fusil qui, entre les mains de nos fantassins, a assuré la victoire aux journées d'Alma, d'Inkermann et de Traktir, a été remplacé par une arme qui donne des résultats quatre fois meilleurs. Notre baïonnette française, par suite de l'application raisonnée de l'escrime, est devenue une arme plus terrible encore qu'elle ne le fut aux assauts de Sébastopol.

Quelle figure feront les drapeaux immaculés de

l'Autriche en face de nos aigles aux lambeaux criblés par la mitraille ?

—

Le 30 décembre 1855 rentraient dans la capitale quatre régiments d'infanterie, vêtus encore des haillons glorieux de la bataille. Paris tout entier se pressait sur leur passage ; la France, ce jour-là, n'avait qu'un cœur pour les aimer, qu'une voix pour les acclamer.

Un spirituel écrivain humoristique, M. Jules Noriac, a dépeint ainsi un régiment de fantaisie : le 101e; mais, sous sa plume observée, la fantaisie devient la réalité, et le 101e est le type vrai du régiment d'infanterie :

« C'est un beau régiment, allez, que le 101e. Séparément,
« les hommes ne sont pas jolis, non, mais en corps, ils sont
« superbes. Et braves !... demandez à toute l'armée, ou plu-
« tôt,

« Regardez son drapeau dont la hampe est brisée ;

« Voyez la soie aux trois couleurs criblée par les balles;
« elle ressemble à une guipure de Hollande traînée dans le
« sang.
« Respect à cette loque illustre !

« Ce n'est pas sur les boulevards qu'il faut voir passer
« le 101ᵉ ; vous le trouverez guindé et poseur, deux vilains
« défauts pour un régiment. — C'est ici, sur le grand che-
« min. Là, seulement, il a le képi sur l'oreille et l'œil intel-
« ligent ; il se sent vivre. Il rit et chante. Il chante avec ses
« trois mille voix, une de ses chansons favorites, comme la
« *Cantinière* :

> La cantinièr' fait de la bonne soupe ; (*bis*)
> C'est aux dépens des enfants d' troupe.
> Les enfants de troupe sont militaires ;
> Ils touch' le cœur d'la cantinière.
> Blaguons-li, blaguons-là,
> Mais surtout ne l'embrassons pas.

« Il y a cinquante couplets de cette force-là. Qui les a
« faits ? Tout le monde et personne. Dans cette mélopée, la
« cantinière a affaire à tous les grades de la hiérarchie mili-
« taire. »

—

En 1845, le soldat d'Afrique disait : « Notre
« père Bugeaud veut que nous ayons *des jarrets*
« *de cerf, des ventres de fourmi et des cœurs de*
« *lion*. S'il veut nous mener au bout du monde,
« nous l'y suivrons. »

Les soldats d'Afrique, en 1854 et 1855, ont
suivi les maréchaux Leroy de Saint-Arnaud, Pé-

lissier, Canrobert et Bosquet, à l'Alma, à Inkermann, à Traktir et sur les bastions de Sébastopol.

En 1859, ils suivront leur Empereur sur les champs de bataille de l'Italie.

Ils ont toujours des jarrets de cerf, des ventres de fourmi et des cœurs de lion.

—

Les régiments qui se sont le plus distingués pendant la guerre de Crimée sont :

Les 6e, — 7e, — 8e, — 9e, — 10e, — 14e, — 15e, — 18e, — 19e, — 20e, — 21e, — 26e, — 27e, — 28e, — 30e, — 32e, — 35e, — 39e, — 42e, — 43e, — 46e, — 47e, — 49e, — 50e, — 52e, — 53e, — 57e, — 61e, — 62e, — 73e, — 74e, — 80e, — 82e, — 85e, — 86e, — 91e, — 95e, — 97e, — 98e, — 100e.

Les aigles des 2e, — 11e, — 14e, — 15e, — 18e, — 21e, — 23e, — 26e, — 33e, — 34e, — 37e, — 41e, — 43e, — 44e, — 45e, — 46e, — 52e, — 53e, — 55e, — 56e, — 59e, — 61e, — 64e, — 65e, — 70e, — 71e, — 72e, — 73e, — 74e, — 75e, — 76e,

— 78ᵉ, — 84ᵉ, — 85ᵉ, — 86ᵉ, — 88ᵉ, — 90ᵉ, — 91ᵉ, — 98ᵉ et 100ᵉ sont déployées en Italie.

—

Il est impossible de ne citer que quelques noms dans l'infanterie : il faut lire l'*Annuaire militaire* pour connaître toutes ses illustrations.

L'infanterie de ligne, c'est l'armée. Elle a vaincu sur tous les champs de bataille : à Eylau et à la Moskowa : elle vaincra encore, comme dit la vieille chanson du premier Empire :

> Le luth guerrier qui chante les amours
> Célèbre aussi les guerriers troubadours ;
> Il redit aux héros dont la France s'honore :
> Le Français a su vaincre, et le saurait encore ;
> Il le saurait encore ;
> Il le saura toujours.

Pour être un peu ridicule par la forme, ce couplet n'en est pas moins très-patriotique. Nos braves fantassins ont un autre refrain qui leur a toujours bien réussi : c'est la charge.

Le général Bourbaki, qui est un connaisseur et qui a beaucoup servi dans les corps spéciaux d'infanterie, assure que le plus beau commandement pour un général est celui d'une division d'infanterie de ligne : avec elle on passe partout et l'on se maintient toujours.

LA CAVALERIE.

La cavalerie des différents corps de l'armée d'Italie est exclusivement composée de chasseurs d'Afrique, de chasseurs de France et de hussards. Ces régiments sont admirablement appropriés à une campagne dans les plaines de la Lombardie et dans la vallée du Pô, qui sont hachées par des cours d'eau, et où la grosse cavalerie trouverait difficilement son emploi.

CHASSEURS D'AFRIQUE.

—

Ce sont les zouaves à cheval. Qui n'a pas vu à cheval un régiment de chasseurs d'Afrique ne peut se faire une idée exacte de l'admirable division de cavalerie qui fait partie du 1er corps. Les officiers anglais et russes qui ont assisté à la charge faite à la bataille de Balaclava, sous les ordres du colonel de Champeron et du général d'Allonville, par le 4e chasseurs (aujourd'hui versé dans les trois autres), pour dégager la cavalerie du général Cardigan, rudement compromise par une manœuvre inconsidérée, confessent qu'il n'y a pas au monde de troupe à cheval qui leur soit supérieure. Les chasseurs d'Afrique sont tous des cavaliers accomplis, des soldats intrépides ; leurs chevaux, petits, vigoureux, aux jambes fines et à l'œil de feu, n'ont pas leurs pareils en Europe. Les chasseurs de la garde ont, par le recrutement et la remonte, de grandes analogies avec un régiment de chasseurs d'Afrique. Mais la veste bleu de ciel du chasseur africain, son képi coquet, son teint bronzé par le soleil, sa barbe inculte, répandent sur lui comme une poésie sauvage et guerrière qu'on ne retrouve plus chez les chasseurs de la garde; il manque à ces derniers huit jours de sable et de soleil du désert pour leur rendre cette couleur locale qu'ils avaient tous autrefois; car, officiers, soldats et chevaux des chasseurs de la garde viennent des chasseurs d'Afrique.

La division Partouneaux, du 1ᵉʳ corps, est composée des trois régiments de chasseurs d'Afrique et de plus du 3ᵉ hussards, qu'un long séjour à Sétif a fait semblable à ses confrères de division.

Les généraux baron Richepanse, Gaudin de Vilaine, marquis de Forton et de Champeron, qui commandent dans les autres corps, ont de braves et intrépides régiments derrière eux.

—

Les 2ᵉ, 4ᵉ, 7ᵉ et 10ᵉ chasseurs sont attachés aux 2ᵉ et 4ᵉ corps.

Les 2ᵉ, 6ᵉ, 7ᵉ et 8ᵉ hussards forment la division de cavalerie du 3ᵉ corps.

L'ARTILLERIE.

Le métier d'artilleur n'est pas chose facile à apprendre : lisez plutôt la chanson :

On y voit des *Cartouches* (1)
Que façonne un *Mandrin* (2) ;
Des monstres dont les *bouches* (3),
Les âmes (4) sont d'airain ;

(1) *Cartouches.* Enveloppes en papier qui renferment les charges de poudre pour fusils, pistolets, canons, etc.

(2) *Mandrins.* Cylindres en bois ou en métal à l'aide desquels on roule les cartouches.

(3) *Bouche* d'un canon. C'est l'entrée de l'âme.

(4) *Ame.* C'est le vide intérieur du canon, destiné à recevoir la charge.

Des ponts que l'on appuie,
Grand Dieu ! sur des *corps-morts* (1) !!!
Vraiment l'artillerie
Est un drôle de corps !

Dans cette arme terrible
La *lumière* (2) est un trou ;
Chaque *blanc* (3) une cible,
Chaque *caboche* (4) un clou ;
Aux *flasques* (5) on confie
La défense *des forts !*
Vraiment l'artillerie
Est un drôle de corps !

L'artillerie a une telle importance aujourd'hui sur les champs de bataille, que le maréchal de

(1) *Corps-mort.* Poutrelle en bois enterrée à chacune des deux culées d'un pont militaire, placée perpendiculairement à la direction du pont et sur laquelle reposent les poutrelles des premières et dernières travées.

(2) *Lumière.* Canal qui aboutit vers le fond de l'âme et par lequel on met le feu à la charge.

(3) *Blanc.* Disque en planche monté sur un piquet et servant de but au tir dans les polygones.

(4) *Caboches.* Clous servant à retenir les cordons en fer qui entourent les moyeux en bois des roues des voitures.

(5) *Flasques.* Deux pièces en bois ou en fer coulé sur lesquelles reposent les tourillons des canons, obus et mortiers.

Saint-Arnaud commençait son rapport, daté du quartier général, à l'Alma, le 21 septembre 1854, par ces mots caractéristiques :

« Sire, le canon de Votre Majesté a parlé. »

A Inkermann et à Traktir, elle joua un rôle décisif ; enfin, le siége de Sébastopol fut un duel d'artillerie.

Du reste, sans *chauvinisme*, on peut ajouter que notre artillerie, commandée par de savants et braves officiers, munie d'un admirable matériel, est une des plus belles du monde. Depuis les servants de 2ᵉ classe jusqu'au plus ancien général, tous se souviennent et s'efforcent de se montrer dignes d'appartenir à une arme qui a eu l'honneur de compter dans ses rangs le plus grand guerrier des temps modernes.

LE TRAIN DES ÉQUIPAGES.

—

Modeste et utile soldat, le *tringlot*, comme l'appellent les Africains, a rendu autant de services en Afrique, par sa patience, que des corps plus brillants avec leurs sabres et leurs baïonnettes.

Philippe de Macédoine avait coutume de dire : « Une place est prise dès qu'on peut y faire entrer « un mulet chargé d'or. » Le maréchal Bugeaud répétait à qui voulait l'entendre que : « Partout où « il pourrait faire monter un *tringlot* et son *bour-* « *ricot,* il était sûr de vaincre. »

Le train des équipages nourrit l'armée, transporte les blessés, le matériel : c'est la nourrice et le voiturier de l'armée.

LA GARDE IMPÉRIALE.

M. le général Regnaud de Saint-Jean-d'Angély, qui commande en chef les troupes de la garde impériale, est un vétéran du premier Empire. Il a fait les campagnes de 1812 en Russie, de 1813 en Saxe, de 1814 et 1815 en France et dans le Nord. En 1848, il commandait la brigade de cavalerie de Paris. Voici comment le maréchal Bugeaud rend compte de sa noble contenance pendant ces tristes événements (1) : « Le géné-
« ral Regnaud de Saint-Jean-d'Angély se distin-
« gua à jamais dans ces journées par la fermeté
« de sa conduite et l'ordre qu'il sut maintenir
« dans sa brigade.... Il garda sa cavalerie dans
« sa main, et, fidèle jusqu'au dernier moment,
« accompagna militairement le chef de l'État
« tant que son départ ne fut pas une fuite. » Il

(1) *Instructions pratiques* du maréchal Bugeaud, p. 101.

a commandé les troupes de terre du corps expé-
ditionnaire de la Méditerranée en 1849 : il a été
ministre de la guerre au commencement de l'année 1851. Après avoir fait une partie de la campagne de Crimée, M. Regnaud de Saint-Jean-
d'Angély est revenu présider à la réorganisation
de la garde impériale. Pour parler des différents
détails de cette formation, il faut, avant tout,
payer un juste tribut d'éloges à M. le lieutenant-
colonel Robinet, aide de camp du général commandant en chef. M. Robinet est un de ces chefs
qui se dévouent aveuglément au succès de la
mission dont ils sont chargés et qui triomphent
des difficultés par leur patience et les ressources
d'un esprit supérieur.

—

La garde impériale a été rétablie par un décret
du 1er mai 1854. Elle comportait alors une division d'infanterie, une brigade de cavalerie et un
régiment d'artillerie. A la fin de la guerre de
Crimée, le 20 décembre 1855, un nouveau décret
vint fixer son organisation définitive. L'idée qui
domine dans le décret du 20 décembre, est de
faire entrer dans la composition de la garde tous

les éléments constitutifs d'un corps d'armée pouvant agir isolément en campagne, et devant, par conséquent, suffire à toutes les exigences des situations les plus difficiles. En même temps, on a voulu que toutes les armes et les différentes subdivisions de chaque arme fussent représentées dans ce corps modèle qui devrait être montré à l'Europe comme le prototype de la perfection militaire.

1re DIVISION D'INFANTERIE.

1 régiment de gendarmerie à pied;
3 régiments de grenadiers;
1 régiment de zouaves;

2e DIVISION D'INFANTERIE.

4 régiments de voltigeurs;
1 bataillon de chasseurs à pied.

DIVISION DE CAVALERIE.

1 escadron de gendarmerie des chasses;
2 régiments de cuirassiers;
1 régiment de dragons de l'impératrice;
1 régiment de lanciers;

1 régiment de chasseurs;
1 régiment de guides.

CORPS NON ENDIVISIONNÉS.

1 régiment d'artillerie à pied;
1 régiment d'artillerie à cheval;
1 division du génie;
1 escadron du train des équipages.

Le chef d'état-major de la garde impériale est M. Raoult, colonel d'état-major qui, dans la guerre de Crimée, remplit les délicates et périlleuses missions de major de tranchée avec tant de dévouement, qu'il fut, bien que simple lieutenant-colonel, nommé commandeur de la Légion d'honneur, distinction ordinairement réservée aux colonels et aux généraux.

Les chefs d'état-major des deux divisions d'infanterie étaient MM. Vaubert de Genlis et Reille, qu'une décision impériale du 23 avril dernier a fait passer comme aides de camp dans la maison militaire de l'Empereur. Ils ont été remplacés par MM. Thévenin de Tanlay et Besson.

—

La 1re division, composée des grenadiers et des zouaves, est commandée par le général Mellinet, dont nous avons déjà parlé à propos des chasseurs à pied et de la légion étrangère. Ses éminents services militaires en Afrique et en Orient sont bien connus des braves qu'il commande. C'est en s'élançant à leur tête qu'il fut blessé en Crimée: sa voix les a guidés à l'ennemi; et, secondé par les généraux de brigade Cler et Wimpfen, il sait que la division est prête à mourir pour la France et l'Empereur.

Le général Cler a commandé longtemps le 2e de zouaves tant en Afrique qu'en Crimée: c'est un de nos plus jeunes officiers généraux. A la bataille de Traktir il soutint, à la tête de sa brigade, le choc principal de l'armée russe.

Le général Wimpfen avait été chef de bataillon aux indigènes; il passait avec raison pour être adoré de ces derniers. Le maréchal Saint-Arnaud lui fit quitter le 13e de ligne pour le charger, au commencement de la guerre d'Orient, d'organiser le régiment de turcos qui a fait toute cette glorieuse campagne et qui s'y est si admirablement conduit.

Les deux premiers régiments de grenadiers, bien que récemment créés, ont déjà montré leurs aigles sur les champs de bataille. Le troisième a été presque entièrement formé sous les murs de Sébastopol. Les colonels d'Alton, Lenormand de Bretteville et Mettman ont été tous les trois en Crimée, le premier et le second avec les grenadiers, le troisième dans la ligne. MM. Lenormand de Bretteville et Mettman avaient d'ailleurs fait la campagne de Bomarsund, le premier comme chef de bataillon de chasseurs à pied, le second comme lieutenant-colonel du 48ᵉ de ligne. Le régiment de zouaves est actuellement commandé par M. Guignard, ancien lieutenant-colonel du 19ᵉ : c'est un officier d'Afrique et de Crimée. Depuis le colonel jusqu'au plus jeune soldat, on peut compter sur tous les hommes de ce beau régiment. Dans une de nos plus chaudes journées devant Sébastopol, le maréchal Pélissier, serrant la main à M. Jannin, qui commandait alors les zouaves de la garde, lui dit en lui montrant les lignes ennemies : « Avec ces hommes-là vous « pouvez passer partout ; ce que je vous ordonne « est impossible, mais vous le ferez. » — « Certai- « nement, répondit M. Jannin gaiement. » Puis il ajouta : « Général, je ne vous dis pas au revoir. »

Et le régiment partit aux cris de : Vive l'Empereur !

—

La division de voltigeurs est commandée par
MM. Camou, Manèque et Decaen, tous trois Africains et Criméens. M. Camou, chez qui l'âge n'a
pas refroidi l'ardeur et le tempérament, est un
militaire brillant et solide, tel qu'on en voit à
chaque page de l'épopée impériale. Les soldats
disent de lui : « C'est un rude troupier. » Ses
officiers ajoutent : « Avec lui on peut avoir con-
« fiance. » M. Manèque a fait longtemps la guerre.
La carrière militaire de M. Decaen présente cette
particularité singulière que, lorsqu'éclata la dernière guerre, il était simple chef d'un bataillon
de chasseurs à pied. Il est revenu de Crimée avec
les épaulettes de général de brigade. A cela il est
juste d'ajouter que M. Decaen a pris part à tous
les événements de la campagne.

Les facilités de recrutement des voltigeurs ont
permis, en élargissant d'ailleurs les effectifs,
d'exiger d'eux les qualités d'une troupe modèle à
tous les points de vue. Leurs colonels, MM. Mongin, Douay, Dubos et Montaudon s'étaient surtout
fait remarquer à l'Alma, à Inkermann et à la

prise de Sébastopol. Les voltigeurs de la garde ont fait leurs preuves : une nouvelle bataille ajoutera à leur gloire; elle ne saurait rien ajouter à leur solidité.

—

Le bataillon de chasseurs à pied, aujourd'hui aux ordres du commandant Clinchant, a été l'un des corps les plus éprouvés : le 8 septembre 1855, il avait été spécialement affecté à l'attaque du petit Redan : il y perdit bon nombre de ses hommes et de ses officiers, et, parmi ces derniers, son chef, le commandant Cornulier de Lucinière, enlevé à trente ans à une carrière que son mérite et sa bravoure lui promettaient belle et rapide. — Les chasseurs forment un bataillon redoutable, composé d'hommes alertes, vigoureux, braves et adroits tireurs.

—

Le régiment de gendarmerie reste à Paris. Il détache seulement aux prévôtés des divisions actives de la garde une centaine d'hommes. Le lieutenant-colonel d'Eggs, du régiment, est investi du commandement de la force publique et des fonctions de grand-prévôt du corps. Il a sous

ses ordres les capitaines Guiraud, Maurice et Gré-
melin, qui occuperont les postes d'adjoint au
grand-prévôt et de prévôts divisionnaires.

M. d'Eggs a commandé en Crimée un des bataillons du régiment, qui s'est distingué à l'attaque du mont Sapone.

L'artillerie de la garde est commandée par
M le général de brigade de Sévelinges, né en
1803, sorti de l'École polytechnique en 1824, général commandant de l'artillerie de la 5e division
militaire à Metz, le 21 mars 1855, et qui compte
de magnifiques services en Algérie.

Il nous reste à ajouter quelques mots sur les
batteries de la garde. Il nous suffira de rappeler
que le 16 août 1855, à la bataille de la Tchernaïa,
deux batteries (12 pièces), s'avancèrent, au milieu de la journée, sur une des hauteurs qui commandent le pont de Traktir, et vinrent se poster
en fasse des masses profondes de l'infanterie
russe. Bien qu'en pleine portée des boulets ennemis, par la justesse et la rapidité de leur tir, elles
convertirent en véritable déroute la défaite de
l'armée assaillante. Ces deux batteries apparte-

naient à l'artillerie à cheval de la garde impériale.

L'infanterie et l'artillerie de la garde impériale sont à la hauteur de leurs devanciers de la vieille garde du premier Empire. Une bataille avec les Autrichiens suffira pour l'écrire à jamais dans l'histoire.

—

Les aigles de la cavalerie de la garde n'ont pas encore vu le feu, bien que tous les hommes qui la composent soient d'anciens soldats éprouvés dans les guerres d'Afrique et de Crimée. La poudre va noircir leurs élégants uniformes, et c'est tout brunis par les travaux d'une campagne laborieuse qu'ils vont revenir victorieux. Leur général, M. Morris, a commandé la cavalerie de l'armée d'Orient. C'est un des meilleurs généraux de son arme : il a gagné tous ses grades en Afrique, où la cavalerie a tant d'occasions de combattre : dans la force de l'âge, vigoureux et plein de feu, le général Morris est en outre un manœuvrier de premier ordre. Son coup d'œil décisif ne le trompe jamais. A la bataille de Balaclava, c'est lui qui ordonna et combina la charge par échelons du 4e chasseurs d'Afrique, charge qui opéra une si heureuse diversion et permit à lord Cardigan de rallier les débris épars de sa brigade.

Son chef d'état-major, M. Pajol, porte un de ces noms heureux qui signifient bravoure et dévouement.

Les trois généraux de brigade baron Marion (*cuirassiers*), Dupuch de Feletz (*lanciers et dragons*), et Cassaignolles (*chasseurs et guides*), sont de remarquables officiers : le premier a commandé en dernier lieu le 1ᵉʳ carabiniers, les deux autres ont fait leur chemin en Afrique.

L'armée française va se mesurer de nouveau avec l'armée autrichienne : elle entre dans la lice avec calme, mais aussi avec une profonde confiance de sa force. L'armée d'Italie aujourd'hui est prête à la lutte comme celle qui partait du camp de Boulogne pour cueillir les lauriers d'Austerlitz. Le canon retentit déjà. La campagne de 1859 ne sera ni moins rapide ni moins glorieuse que celle de 1805, et c'est avec certitude que nous pouvons répéter ce vers que nous avons pris pour épigraphe :

Où le père a passé, passera bien l'enfant.

FIN.

TABLE ALPHABÉTIQUE

K

Kleber, 60.

L

Lacretelle, 47. — L'Abadie d'Aydren (de), 43. — Ladmirault (de), 19, 39, 55, 58. — Ladreytt de la Charrière, 20. — Lainé, 10. — Lafont de Villers (de), 45, 55, 56. — Lamoricière (de), 55, 56. — La Motte-Rouge (de), 25. — Larrey, 9, 16. — Latour d'Auvergne Lauraguais (de), 9. — Laure, 52. — Lebœuf, 13, 24. — Lebrun (général), 23. — Lebrun, intendant, 33. — Lefèvre, 25. — Le Flô, 55. — Legouest, 16. — Lemarié, 10. — Lenormand de Bretteville, 44, 82. — Lenormand de Lourmel, 34, 40. — Lepic, 8. — Leroy Saint-Arnaud, 35, 36, 45, 50, 55, 60, 67, 75, 81. — Levaillant, 55. — Levassor-Sorval, 43. — Levy, 53. — Leyritz (de), 34. — Liebert, 53.

M

Mac-Mahon (de), 22, 23, 24, 39, 45. — Maissiat, 55. — Mallarmé, 27. — Manèque, 83. — Marion, 87. - Marolles (de), 44. — Martimprey (de), général de division, 12. — Martimprey (de), général de brigade, 20. — Martineau-Deschenetz, 53. — Maumet, 56. — Maurice, 85. — Mayran, 47. — Mazure, 14. — Mellinet, 39, 45, 81. — Menneval (de), 8. — Mettman, 82. — Méry, 17. — Molière, 55. — Mongin, 83. — Montaudon, 63, 83. — Montebello (de), 8. — Morand, 60. — Morris, 86. — Moscowa (de la), 8. — Murat (Joachim), 9.

N

Napoléon (prince), 6, 34. — Neumayer, 45. — Nicolas-Nicolas, 44. — Niel, 15, 32. — Niol, 34. — Noüe (de), 45.

O

O'Farell, 34.

P

Pajol, 87. — Paris de Bolardière, 13. — Partouneaux, 21, 72.

— Paulze d'Ivoy, 43. — Pecqueult de Lavarande, 55. — Pelissier, 12, 47, 68. — Perrier (Napoléon), 17. — Picard, 28, 31. — Pistouley, 42.

R

Randon, 11. — Raoult, 86. — Regnault, 55. — Regnault de Saint-Jean-d'Angely, 77. — Reille, 8, 80. — Renault, 28, 30, 45, 55. — Repond, 39, 55. — Requier, 18. — Richepance (de), 72. — Robert, 10. — Robinet, 78. — Roguet, 8. — Rose, 52.

S

Saint-Pol (de), 44. — Salleron, 16. — Saurin, 34, 63. — Schmitz, 8. — Sencier, 43. — Senilhes, 45. — Senneville (de), 27. — Sévelinges (de), 85. — Soubiran-Campaigno, 44, — Stalter, 15.

T

Tascher de la Pagerie (de), 9. — Thévenin de Tansay, 80. — Thomas, 48. — Toulongeon (de), 8. — Trochu, 28, 29.

V

Vaillant, 11, 14. — Verdure, 16. — Vergé, 23, 31, 53, 55 — Viel d'Espeuilles, 23. — Vinoy, 33, 63. — Waubert de Genlis (de), 8, 80. — Wimpfen, 50, 52, 81. — Wolf, 24.

U

Uhric, général de division, 36. — Uhric, 39.

Y

Yvelin de Beville, 8.